Vorwort

Sie ist beliebt bei Groß und Klein – die Kartoffel. War sie einst eines der wichtigsten Grundnahrungsmittel, so dient die Kartoffel heute meist nur noch als Beilage zu Fleisch und Gemüse oder als „Genußmittel" in Form von Chips und anderen Knabbereien. Schade – denn sie kann so viel mehr! So ist die Kartoffel eine ideale Grundlage für deftige Eintöpfe, die optimale Hauptzutat für sättigende Salate und Basis vieler köstlicher Aufläufe.

Selbst in einem süßen Kuchen schmeckt sie fabelhaft! Und die Kartoffel hat weitere Pluspunkte vorzuweisen: Sie besitzt viele wertvolle Inhaltsstoffe, ist preiswert und steht das ganze Jahr über zur Verfügung. Genügend Gründe, sich einmal intensiver mit dieser Knolle zu beschäftigen. Wir sind der Kartoffel deshalb auf die Pelle gerückt, haben Wissenswertes über sie zusammengetragen und die schönsten Rezepte für Sie ausprobiert.

Inhalt

Eine runde Sache – Kartoffeln	4
Eine Reise in die Geschichte	6
Kartoffeln auf dem deutschen Markt	8
Der Kartoffel auf die Pelle gerückt	9
Kartoffeln richtig kochen	10
Suppen und Eintöpfe – mal deftig, mal edel	12
Kunterbunte Kartoffelsalate	26
Herzhaftes und Süßes aus dem Ofen	40
Beilagen – mehr als eine kulinarische Nebensache	52
Rezeptverzeichnis	64

Eine runde Sache — Kartoffeln

Kartoffeln sind rundherum bemerkenswert! Ihr Stammbaum reicht bis zu den Inkas zurück und ist von vielen interessanten Geschichten umrankt. Und ihre gesunden Inhaltsstoffe machen die Kartoffel so außerordentlich wertvoll. Wie vielseitig sich diese schmackhaften Knollen zubereiten lassen, zeigen unsere Rezepte.

Eine Reise in die Geschichte

Ursprünglich stammt die Kartoffel nicht aus Europa, sondern aus den Gebirgsländern Südamerikas. Schon vor etwa 2000 Jahren pflanzte die südamerikanische Urbevölkerung der Anden, die Inkas, „Papas" (Knollen) an. Sie wurden neben dem Mais als Hauptnahrungsmittel geschätzt und auch zur Heilung verschiedener Leiden eingesetzt. So soll sich die Andenbevölkerung gegen Kopfschmerzen die Stirn mit rohen Kartoffeln eingerieben haben. Außerdem trugen sie sie als Schutz gegen Rheumatismus in den Taschen und schätzten sie als Heilmittel bei Verdauungsstörungen.

Als die Spanier 1526 von Panama ins Inkareich vorstießen, fanden sie dort ausgedehnte Kartoffelkulturen vor. Pizarro brachte die Nachricht vom „wohlschmeckenden mehligen Trüffel" nach Spanien. Doch zunächst wurde die Kartoffel nicht verzehrt, sondern man bewunderte ihre bizarren Blüten.

Von Spanien aus führte der Weg der Kartoffel nach Italien. Wahrscheinlich war es der Naturforscher Hieronymus Cordanus, der diese Knolle mit in die Toscana nahm, wo sie in beachtlichem Umfang angebaut wurde. Hier erhielt sie auch ihren Namen. Wegen der sonderbaren Knolle, die wie der begehrte Trüffelpilz aussah und genau wie dieser unterirdisch wuchs, nannte man die Exotin aus den Anden eben Trüffel, italienisch „tartufo". Daraus entstand das deutsche Wort Kartoffel. Bereits 1589 brachte der deutsche Botaniker Clusius die Kartoffel nach Deutschland. Ihn interessierte sie jedoch nicht als Gemüseknolle und Ackerpflanze, er wollte sie nur für seinen Garten, in dem er seltene Pflanzen züchtete. Für ihn war also nur der überirdische Teil der Kartoffelpflanze wichtig. So kam es, daß die Kartoffel hierzulande zunächst nur als hübsche Zierpflanze in den Gärten reicher Leute und in bo-

tanischen Anlagen wuchs. Den wahren Wert der Knolle erkannte man erst Ende des 17. Jahrhunderts im Süden unseres Landes.
Preußische Bauern, mit ihren für die Kartoffel so idealen Sandböden, konnten sich anfangs jedoch nicht für die Knolle begeistern. Dies änderte sich erst durch den Einfluß des Alten Fritz.

Er brauchte für seine häufigen Kriege ein Nahrungsmittel, das sich problemlos anbauen ließ und gleichzeitig einen hohen Sättigungswert hatte, Eigenschaften, die die Kartoffel zweifellos besitzt. Da er seine Bauern aber nicht so einfach vom Wert dieser Knolle überzeugen konnte, griff er – laut Legende – zu folgender List.

„Er ließ die Kartoffeln rund um Berlin anbauen und gleichzeitig die Felder von seinen Soldaten bewachen. Demnach, so meinten die Leute, mußte die Pflanze wohl wertvoll sein. Sie stahlen die Kartoffeln, unter den zugedrückten Augen der Soldaten, bauten sie an und haben sie anschließend auch gegessen."

Die Schwierigkeiten der Kartoffel, sich als Nahrungsmittel zu profilieren, beruhten der Erzählung zufolge auf einem tragischen Irrtum. Die Kartoffelpflanze entwickelt an ihrem oberirdischen Teil aus der Blüte kleine, grüne Früchte, die sehr giftig sind. Aus Unkenntnis verzehrten einige Menschen zunächst diese Früchte und erlitten Vergiftungserscheinungen.

Da Friedrich II. die Kartoffel auf seinen Reisen als eine nahrhafte Speise kennengelernt hatte, ließ er die Pflanze daraufhin weiter erforschen, und man entdeckte, daß nur die oberirdischen Teile der Pflanze giftig, die Knollen dagegen genießbar sind.

Friedrich II. kontrolliert den Kartoffelanbau (nach dem Gemälde von Warthmüller)

Kartoffeln auf dem deutschen Markt

Zur Zeit werden allein bei uns regional etwa 130 verschiedene Kartoffelsorten angeboten. Sie unterscheiden sich in Form, Größe, Schale, Geschmack und Kocheigenschaften. Da die Kartoffelqualität von Klima und Bodenbeschaffenheit abhängig ist, werden nur wenige Sorten auf dem gesamten deutschen Markt angeboten.

Der Einkauf
Speisekartoffeln teilt man in zwei Handelsklassen ein: in „extra", dies ist die beste Qualität, und in „I", wobei es sich in erster Linie um eine Sortierung nach Größe und Aussehen handelt, nicht nach den „inneren Werten". Eine weitere Einteilung ergibt sich aus der Kocheigenschaft der jeweiligen Sorte. Der Kochtyp muß, genauso wie die Handelsklasse, vom Händler angegeben werden. Es gibt folgende Kochtypen:

– festkochende Kartoffeln; sie sind ideal für Salate, eignen sich besonders für Gratins und für die Zubereitung als Bratkartoffeln. Sehr bekannt sind die Sorten Hansa, Sieglinde und Nicola;
– vorwiegend festkochende Kartoffeln; sie sind für die Zubereitung als Salz-, Pell- sowie Grillkartoffeln geeignet. Ihre wichtigsten Vertreter sind Grata und Granola;
– mehligkochende Kartoffeln; sie werden für Kartoffelpüree, -puffer und -klöße verwendet. Die bekanntesten Sorten sind Irmgard und Datura.

Die Erntezeit ist ein weiterer wichtiger Punkt beim Kauf: Speisefrühkartoffeln (Juni/Juli) sollten möglichst rasch verzehrt werden. Ihre Schale ist so dünn, daß man sie mitessen kann.
Die späteren Sorten halten sich länger als die Frühkartoffeln. Kartoffeln, die ab Oktober auf den Markt kommen, sind gut lagerfähig.

Die richtige Lagerung
Kartoffeln eignen sich sehr gut zum Einlagern. Voraussetzung hierfür sind eine feste Schale und eine trockene, saubere sowie gesunde Knolle.
Die Kartoffeln müssen möglichst dunkel, gut belüftet und kühl lagern. Am besten in einem Keller bei +4 bis +6 Grad Celsius auf einem Lattenrost, in einer Lattenkiste oder einer Horde. Die genannten Bedingungen sollten möglichst genau eingehalten werden, denn Licht und Wärme begünstigen das Keimen der Kartoffeln, was den Geschmack sehr beeinträchtigt. Besonders schädlich wirkt Frost. Bei großer Kälte wandelt sich die in der Kartoffel reichlich vorhandene Stärke in Zucker um. Durch Frost geschädigte Kartoffeln schmecken deshalb süß. Schützen Sie die eingelagerten Knollen, indem Sie die Kellerfenster bei starkem Frost geschlossen halten. Und noch ein wichtiger Hinweis: Lagern Sie Kartoffeln immer offen. Im Klarsichtbeutel gekaufte Kartoffeln sollten Sie zu Hause sofort auspacken, denn bei einem Temperaturwechsel schwitzen die Kartoffeln in der Plastikverpackung sehr leicht, werden feucht und verderben rasch, beziehungsweise sie beginnen zu keimen und der Geschmack leidet.

Der Kartoffel auf die Pelle gerückt

Die Kartoffel besteht zu etwa 80 Prozent aus Wasser, zu etwa 14 Prozent aus Kohlenhydraten, sie enthält etwa 2,5 Prozent Ballaststoffe, etwa 2 Prozent Eiweiß, etwa 1 Prozent Mineralien und nur etwa 0,1 Prozent Fett.
Der größte Teil der Kohlenhydrate ist bei Kartoffeln als Stärke vorhanden. Roh ist diese unverdaulich, erst der Garprozeß verändert ihre Struktur so, daß sie danach fast vollständig verdaut werden kann.
Auch die Ballaststoffe zählen zur Gruppe der Kohlenhydrate. Ballaststoffe sind zwar für den menschlichen Magen-Darm-Trakt unverdaulich, sie erfüllen jedoch zahlreiche positive Aufgaben, zum Beispiel bei der Darmpassage der Nahrung. Besonders wertvoll ist das Eiweiß der Kartoffel. Unser Organismus benötigt die Bausteine des Nahrungseiweißes, die Aminosäuren, um aus ihnen Zellen, Gewebe und für den Stoffwechsel wichtige Substanzen, wie Enzyme und Hormone, aufzubauen. Einige Aminosäuren kann der menschliche Körper nicht selbst herstellen und ist auf deren Zufuhr durch die Nahrung angewiesen. Diese Aminosäuren bezeichnet man als die essentiellen. Aus der Zusammensetzung und seinem Gehalt an essentiellen Aminosäuren ergibt sich demnach der Wert eines Nahrungseiweißes.
Das Eiweiß der Kartoffel ist nach dem der Sojabohne das wertvollste pflanzliche Eiweiß.
Bemerkenswert ist der sehr geringe Fettgehalt von Kartoffeln. 100 Gramm liefern daher nur wenig Energie, nämlich etwa 72 Kilokalorien (etwa 301 Kilojoule).
Sehr günstig wirken sich auch die Mineralstoffe aus, die diese gesunde Knolle in sich birgt. Kartoffeln enthalten fast kein Natriumchlorid (Kochsalz); dies ist besonders für all diejenigen von Bedeutung, die unter Bluthochdruck leiden. Entsprechend dürfen Kartoffeln in einer solchen Kostform nur ohne Salzzugabe zubereitet werden. Demgegenüber besitzen Kartoffeln aber reichlich Kalium. Dieses Mineral führt zu einer starken Entwässerung des Körpers, es bewirkt also das Gegenteil von Natrium. Stoffwechselabbauprodukte werden dadurch vermehrt ausgeschieden. Außerdem enthält die Kartoffel Magnesium, das bei der Funktion von Muskeln und Nerven eine Rolle spielt, sowie Phosphor, das der Körper für wichtige Stoffwechselvorgänge benötigt.
Auch als Vitaminträger werden die Kartoffeln häufig unterschätzt. In erster Linie enthalten sie Vitamin C. Schon mit einer Portion gekochter Kartoffeln (200 Gramm) kann man die Hälfte des Tagesbedarfs eines Erwachsenen decken. So ist es nicht verwunderlich, daß die Kartoffeln neben frischem Obst zu den wichtigsten Vitamin-C-Trägern zählen. Auch Vitamine der B-Gruppe sind in Kartoffeln enthalten.
Der größte Teil der Vitamine und Mineralien befinden sich übrigens nicht, wie beispielsweise beim Getreidekorn, direkt unterhalb der Schale, sondern mehr im Inneren der Knolle. Trotzdem sollten Kartoffeln möglichst mit Schale gegart werden, denn diese verhindert, daß die Vitamine herausgeschwemmt werden.
Neben all diesen wertvollen Inhaltsstoffen enthält die Kartoffel auch eine Substanz, die in höheren Konzentrationen gesundheitsschädlich ist. Gemeint ist das Solanin, eine Art Wachstumshormon der Kartoffel. Es ist in geringen Mengen eine entscheidende Geschmackskomponente, in zu hohen Dosen aber wirkt es giftig. Normalerweise ist der Solaningehalt der Kartoffel unbedenklich. Nur die grünen Teile bei unreif geernteten Kartoffeln enthalten größere Mengen dieser Substanz. Man sollte diese Stellen großzügig abschneiden, ganz grüne Kartoffeln wegwerfen.

Kartoffeln richtig kochen

Wollen Sie Salzkartoffeln zubereiten, so können Sie dies in einem konventionellen Topf, im Schnellkochtopf oder mit Mikrowellen tun.

Im normalen Topf
Die Kartoffeln waschen, schälen, in etwa gleich große Stücke schneiden und in den Topf geben. Soviel kaltes Wasser angießen, daß es höchstens zwei Finger breit unter der obersten Kartoffel steht. Geben Sie maximal 1 Teelöffel Salz in 1 Liter Wasser. Nun den Topf verschließen, die Flüssigkeit aufkochen lassen und die Kartoffeln etwa 20 Minuten bei mittlerer Hitze garen. Die Kartoffeln sind gar, wenn sich ein Messer ohne Widerstand einstechen läßt. Dann das Wasser abgießen und die Kartoffeln ohne Deckel im Topf etwa 2 Minuten abdampfen lassen, dabei ein- oder zweimal aufschütteln.

Im Schnellkochtopf
500 bis 1000 Gramm geschälte und in gleich große Stücke geschnittene Kartoffeln mit $1/8$ Liter Salzwasser in den Schnellkochtopf geben, die Flüssigkeit aufkochen lassen, den Topf verschließen und die Kartoffeln 6 bis 7 Minuten garen. Danach den Topf rasch abkühlen und, wenn sich der Druck normalisiert hat, öffnen. Das Wasser abgießen und die Kartoffeln gleich abdampfen lassen.

In der Mikrowelle
400 Gramm geschälte und in gleich große Stücke geschnittene Kartoffeln mit 3 bis 4 Eßlöffeln Salzwasser in eine Glas- oder Porzellanschüssel geben und diese mit einem passenden Deckel verschließen. Bei 700 Watt etwa 5 Minuten, bei 600 Watt etwa 6 Minuten garen. Die Kartoffeln sofort abgießen und kurz stehen lassen, damit sich die Wärme gleichmäßig verteilt. 800 Gramm Kartoffeln benötigen etwa die doppelte Zeit zum Garen.

Gart man Kartoffeln in der Schale, so bleiben die wertvollen Inhaltsstoffe in größerem Umfang erhalten als es beim Kochen von Salzkartoffeln der Fall ist. Bei geschälten Kartoffeln werden Vitamine und Mineralstoffe vom umgebenden Wasser

leichter ausgewaschen. Auch Pellkartoffeln kann man auf unterschiedliche Weise garen.

Im normalen Topf
Möglichst kleine, gleich große Kartoffeln gründlich waschen, eventuell abbürsten. In einen Topf geben und auch hier nur soviel Salzwasser angießen, daß es zwei Finger breit unter der obersten Kartoffel steht. Man kann nach Belieben einige Kümmelkörner mitkochen. Nun den Topf verschließen, das Wasser aufkochen und je nach Größe der Kartoffeln diese 20 bis 25 Minuten garen.
Die Garprobe erfolgt wie beim Garen von Salzkartoffeln im normalen Topf beschrieben.

Im Schnellkochtopf
500 bis 1000 Gramm gewaschene Kartoffeln mit ⅛ Liter Salzwasser in den Schnellkochtopf geben, die Flüssigkeit aufkochen lassen, den Topf verschließen und neue Kartoffeln 8 bis 10 Minuten, alte Kartoffeln 10 bis 15 Minuten garen. Danach den Topf rasch abkühlen und, wenn sich der Druck normalisiert hat, öffnen.

In der Mikrowelle
400 Gramm Kartoffeln waschfeucht in eine Glas- oder Porzellanschüssel geben und diese mit einem passenden Deckel verschließen. Die Kartoffeln bei 700 Watt etwa 5 Minuten, bei 600 Watt etwa 6 Minuten garen. Das Wasser sofort abgießen und die Pellkartoffeln kurz stehen lassen, damit sich die Wärme gleichmäßig verteilt. 800 Gramm Kartoffeln benötigen etwa die doppelte Garzeit.

Im Kartoffelteufel
Die Kartoffeln gründlich abbürsten und abtrocknen. In den Kartoffelteufel legen und diesen mit einem Deckel verschließen. Den Topf auf den Herd stellen und die Kartoffeln bei mittlerer Hitze 50 bis 60 Minuten garen. Zwischendurch den Topf einmal umdrehen.
In diesem Tontopf gegarte Kartoffeln schmecken leicht rauchig, so, als wären sie im Lagerfeuer zubereitet.
Ein Kartoffelteufel ist auf dem Foto vorn abgebildet. Sie finden ihn in jedem Haushaltswarengeschäft.

Suppen und Eintöpfe — mal deftig, mal edel

Eintöpfe und Suppen sind hierzulande sehr beliebt. Und das aus gutem Grund. Sie schmecken sehr aromatisch, lassen viel Phantasie beim Kochen zu, sind leicht zuzubereiten und meist recht preiswert.
Den Ton in all unseren Rezepten geben natürlich die Kartoffeln an, aber erst durch den optimalen Zusammenklang von Fleisch, Gemüse, Kräutern und Gewürzen entsteht eine gelungene Kompositon.

(Kartoffel-Krabben-Suppe, Rezept S. 14)

Kartoffel-Krabben-Suppe

Für 6 Portionen
Zubereitungszeit: ca. 45 Min.
ca. 285 kcal/1191 kJ

1 kg mehligkochende Kartoffeln
1 Bund Suppengrün
1,5 l Fischfond
400 ml Weißwein
3 Zwiebeln
1 EL Butterschmalz
1 kleine Knoblauchzehe
1 EL Crème fraîche
gemahlener weißer Pfeffer
375 g Krabbenfleisch

1. Die Kartoffeln waschen, schälen und würfeln. Das Suppengrün putzen, waschen und ebenfalls grob würfeln, beziehungsweise in Stücke schneiden.
2. Alle vorbereiteten Zutaten in Fischfond und Wein 20 bis 30 Minuten kochen, anschließend im Mixer pürieren.
3. In der Zwischenzeit die Zwiebeln schälen, in Ringe schneiden und im heißen Butterschmalz glasig braten. Den Knoblauch schälen und durch die Presse dazudrücken.
4. Die Zwiebel-Knoblauch-Mischung und die Crème fraîche unter die Kartoffelsuppe heben. Mit Pfeffer abschmecken.
5. Das Krabbenfleisch hinzufügen und in der Suppe erwärmen, jedoch nicht mehr kochen lassen.
(auf dem Foto S. 12)

Scharfe Hühnersuppe

Für 4 Portionen
Zubereitungszeit: ca. 2 Std.
ca. 600 kcal/2508 kJ

1 Bund Suppengrün
1 küchenfertige Poularde
2 Lorbeerblätter
5 Pfefferkörner
Salz
750 g mehligkochende Kartoffeln
500 g Möhren
1 Bund Lauchzwiebeln
2 EL Sojaöl
2 Bananen
1 EL Currypulver
1 Becher Sahnejoghurt (150 g)
gemahlener weißer Pfeffer

1. Das Suppengrün putzen, waschen, gegebenenfalls schälen und grob würfeln.
2. Die Poularde gründlich waschen, mit dem Suppengrün, den Lorbeerblättern und den Pfefferkörnern in 1,5 Liter Salzwasser geben. Aufkochen und etwa 1 Stunde garen.
3. Die Poularde aus der Brühe nehmen und etwas abkühlen lassen. Die Brühe durch ein Sieb gießen.
4. In der Zwischenzeit die Kartoffeln und die Möhren waschen, schälen und grob würfeln.
5. Das Gemüse in der Brühe 20 bis 30 Minuten garen. Einige Möhrenstücke herausnehmen, das restliche Gemüse mit einem Pürierstab in der Brühe fein pürieren.
6. Die Lauchzwiebeln putzen, waschen und in Ringe schneiden. Das Öl in einem großen Topf erhitzen und die Lauchzwiebeln darin kurz anbraten.
7. Die Bananen schälen, pürieren und mit dem Curry und dem Joghurt unter die Lauchzwiebeln rühren. Nach und nach die Kartoffelsuppe unterrühren.
8. Das Poulardenfleisch von den Knochen lösen und würfeln. Die herausgenommenen Möhrenstücke in feine Streifen schneiden. Beides in die Suppe geben und diese kräftig mit Curry und Pfeffer abschmecken.
(auf dem Foto rechts)

Feinschmecker-Tip

Lassen Sie die Poularde nicht zu stark abkühlen, denn je wärmer sie ist, desto leichter läßt sich das Fleisch von den Knochen lösen.

Gurken-Hack-Klösschen-Topf

Für 6 Portionen
Zubereitungszeit: ca. 50 Min.
ca. 335 kcal/1400 kJ

3 mittelgroße Zwiebeln
750 g mehligkochende Kartoffeln
3 EL Butterschmalz
1 l Gemüsebrühe
1 große Salatgurke (750 g)
350 g Rinderhackfleisch
1 Ei
2 EL Magerquark
Salz
gemahlener schwarzer Pfeffer
2 EL Distelöl
2 EL Kartoffelstärke
2 Bund gehackter Dill
3 EL Kräuter-Crème-fraîche

1. Die Zwiebeln schälen und in Ringe schneiden. Die Kartoffeln waschen, schälen und würfeln.
2. Das Butterschmalz in einem Topf erwärmen. Die Zwiebelringe und die Kartoffelwürfel darin anbraten.
3. Die Brühe angießen, aufkochen und alles etwa 30 Minuten kochen lassen.
4. Die Gurke schälen, längs halbieren und die Kerne mit einem Löffel herausschaben. Die Gurke würfeln und nach 15 Minuten zu den Kartoffeln geben.
5. In der Zwischenzeit das Hackfleisch mit dem Ei und dem Quark mischen. Mit Salz und Pfeffer abschmecken. Aus dem Teig mit angefeuchteten Händen kleine Klößchen formen und diese im heißen Öl rundherum braten.
6. Die Kartoffelstärke mit etwas kaltem Wasser verquirlen und in die kochende Suppe rühren.
7. Den Dill und die Crème fraîche hinzufügen. Den Gurkentopf mit Salz und Pfeffer abschmecken und die Hackklößchen vorsichtig unterheben.
(auf dem Foto oben)

Feinschmecker-Tip

Kartoffeln lassen sich leichter schneiden, wenn man das geschärfte Messer hin und wieder in kochendes Wasser taucht.

Rosenkohlsuppe

Für 4 Portionen
Zubereitungszeit: ca. 1 Std.
ca. 1000 kcal/4180 kJ

125 g durchwachsener Speck
2 Zwiebeln
2 Stangen Porree (Lauch)
750 g vorwiegend festkochende Kartoffeln
250 g Möhren
750 g Rosenkohl
2 EL Butterschmalz
1½ l heiße Fleischbrühe
4 Kochmettwürstchen
gemahlener weißer Pfeffer
geriebene Muskatnuß

1. Den Speck würfeln. Die Zwiebeln schälen und hakken. Den Porree putzen, waschen und in Ringe schneiden. Die Kartoffeln und die Möhren waschen, schälen und würfeln. Den Rosenkohl putzen, waschen und am Stielansatz kreuzweise einschneiden.
2. Das Butterschmalz erhitzen und den Speck darin auslassen. Das Gemüse außer dem Rosenkohl hinzufügen und andünsten.
3. Die heiße Brühe angießen und etwa 10 Minuten kochen lassen.
4. Dann den Rosenkohl hineingeben und alles weitere 15 Minuten garen.
5. Die Mettwürste 5 Minuten vor Ende der Garzeit dazugeben, erwärmen und mit den Gewürzen kräftig abschmecken.
(auf dem Foto unten)

Wirsingtopf mit Lamm

Für 4 Portionen
Zubereitungszeit: ca. 1 Std.
ca. 825 kcal/3448 kJ

100 g durchwachsener Speck
500 g Lammbrust
2 Zwiebeln
2 Knoblauchzehen
750 g Wirsing
500 g vorwiegend festkochende Kartoffeln
250 g Möhren
1 TL Rosmarin
¼ l Fleischbrühe
¼ l Roséwein
Salz
gemahlener schwarzer Pfeffer
1 Bund gehackte Petersilie

1. Den Speck würfeln und in einem Bräter auslassen. Das Lammfleisch grob würfeln und im Speckfett anbraten.
2. Die Zwiebeln und die Knoblauchzehen schälen und hacken. Den Wirsing putzen, waschen und in Streifen schneiden. Die Kartoffeln und die Möhren waschen, schälen und würfeln.
3. Das Gemüse und den Rosmarin zum Fleisch geben und mit anbraten.
4. Die Brühe und den Wein angießen und alles etwa 40 Minuten kochen lassen.
5. Den Wirsingtopf mit Salz und reichlich Pfeffer abschmecken. Zuletzt die gehackte Petersilie darüberstreuen.
(auf dem Foto: oben)

Würziger Bohnen-Eintopf

Für 4 Portionen
Zubereitungszeit: ca. 45 Min.
ca. 525 kcal/2194 kJ

1 kg kleine, vorwiegend festkochende Kartoffeln
Salz
500 g grüne Bohnen
1 Bund Bohnenkraut
1 Zwiebel
500 g Rinderhackfleisch
1 EL Butterschmalz
Knoblauchpfeffer
250 g passierte Tomaten
3 EL Knoblauch-Crème-fraîche

1. Die Kartoffeln waschen, in Salzwasser garen, abgießen, pellen und vierteln.
2. Die Bohnen waschen, putzen und mit dem Bohnenkraut in Salzwasser 20 Minuten garen.
3. In der Zwischenzeit die Zwiebel schälen und hacken. Zusammen mit dem Hackfleisch im heißen Butterschmalz braten. Das Hackfleisch mit Salz und Knoblauchpfeffer abschmecken.
4. Das Tomatenpüree und die Crème fraîche unterrühren. Die Bohnen und die Kartoffeln darunterheben. Alles nochmals mit Salz und Knoblauchpfeffer abschmecken.
(auf dem Foto: Mitte)

Mexikanischer Eintopf

Für 4 Portionen
Zubereitungszeit: ca. 45 Min.
ca. 350 kcal/1463 kJ

500 g vorwiegend festkochende Kartoffeln, Salz
500 g Rindfleisch aus der Keule
2 Zwiebeln
2 Knoblauchzehen
1–2 eingelegte Peperoni
3 EL Butterschmalz
¼ l Fleischbrühe
2 EL Tomatenmark
1 Bund gehackter Salbei
gemahlener schwarzer Pfeffer
1 Dose rote Bohnen (425 ml)
1 Dose Mais (425 ml)

1. Die Kartoffeln in der Schale in Salzwasser garen, pellen und würfeln.
2. Das Fleisch in Streifen schneiden. Die Zwiebeln und die Knoblauchzehen schälen und hacken. Die Peperoni entkernen und hacken.
3. Das Butterschmalz erhitzen. Das Fleisch darin anbraten, dann die Zwiebeln, den Knoblauch und die Peperoni hinzufügen und anbraten. Die Brühe angießen und alles etwa 10 Minuten garen.
4. Das Tomatenmark und den Salbei unterrühren. Mit Pfeffer würzen. Nun das Dosengemüse und die Kartoffeln hinzufügen und alles etwa 5 Minuten kochen.
(auf dem Foto: unten)

Grünkohl-Gänse-Eintopf

Für 4 Portionen
*Zubereitungszeit: ca. 2 Std.
ca. 1550 kcal/6479 kJ*

1 kg Grünkohl
Salz
40 g Gänseflomen
4 Gänsekeulen (à 350 g)
4 Zwiebeln
¼ l Hühnerbrühe
1 kg vorwiegend festkochende Kartoffeln
6 EL Schmelzflocken
2 EL Dijonsenf
gemahlener schwarzer Pfeffer
1 Prise Zucker
150 g Crème fraîche

1. Den Grünkohl verlesen und gründlich waschen. In kochendes Salzwasser geben, aufkochen und etwa 2 Minuten kochen lassen. Den Kohl gut abtropfen lassen, dann grob hacken.
2. Das Gänseflomen in einem Bräter auslassen. Die Gänsekeulen darin etwa 10 Minuten rundherum anbraten und herausnehmen.
3. Die Zwiebeln schälen, würfeln und im Gänsefett andünsten. Den Grünkohl hinzufügen und ebenfalls andünsten.
4. Die Brühe angießen. Die Gänsekeulen drauflegen und alles im geschlossenen Bräter etwa 1 Stunde schmoren lassen.
5. In der Zwischenzeit die Kartoffeln waschen, schälen und würfeln. Die Kartoffeln nach 30 Minuten unter den Grünkohl heben.
6. 15 Minuten vor Ende der Garzeit die Gänsekeulen aus dem Bräter nehmen und die Haferflocken unterrühren.
7. Die Gänsekeulen unter dem heißen Grill knusprig braun braten.
8. Den Kohl mit Senf, Pfeffer, Zucker und der Crème fraîche abschmecken. Zum Schluß die Gänsekeulen auf dem Grünkohl anrichten.

FEINSCHMECKER-TIP

Grünkohl schmeckt am besten, wenn er Frost abbekommen hat. Wenn Sie den Grünkohl-Gänse-Topf schon im Herbst kochen wollen, können Sie dem Grünkohl auch „künstlichen" Frost verabreichen. Legen Sie das Gemüse einfach für ein paar Stunden ins Gefrierfach und schon haben Sie den erwünschten, leicht süßlichen Geschmack des Grünkohls „herausgekitzelt".

Pikant-süsser Steckrübentopf

Für 4 Portionen
Zubereitungszeit: ca. 1½ Std.
ca. 600 kcal/2508 kJ

1 Bund Suppengrün
3 Zwiebeln
1 kleine Steckrübe (500 g)
500 g vorwiegend festkochende Kartoffeln
4 EL Butterschmalz
1 Putenoberkeule (750 g)
Salz
gemahlener schwarzer Pfeffer
½ l heiße Hühnerbrühe
5 schwarze Pfefferkörner
1 Lorbeerblatt
250 g gemischtes Backobst
1–2 EL Weißweinessig

1. Das Suppengrün putzen, waschen und in feine Würfel beziehungsweise in dünne Ringe schneiden.
2. Die Zwiebeln schälen und hacken. Die Steckrübe und die Kartoffeln waschen, schälen und grob würfeln.
3. Das Butterschmalz in einem weiten Topf erhitzen und die Putenkeule darin etwa 10 Minuten von allen Seiten anbraten. Herausnehmen, anschließend salzen und pfeffern.
4. Das Suppengrün und die Zwiebeln im Bratfett anbraten. Dann die Kartoffel- und die Steckrübenwürfel hinzufügen und ebenfalls kurz braten.
5. Die heiße Hühnerbrühe angießen. Die Pfefferkörner, das Lorbeerblatt, das Backobst und die Putenkeule hinzufügen. Alles bei geschlossenem Deckel etwa 40 Minuten garen.
6. Die Putenkeule und das Lorbeerblatt aus dem Steckrübentopf herausnehmen. Das Fleisch vom Knochen lösen, grob würfeln und wieder zum Gemüse geben. Den Eintopf mit Essig, Salz und Pfeffer abschmecken.
(auf dem Foto: oben)

Feinschmecker-Tip

Steckrüben lassen sich gut mit der Brotschneidemaschine erst in Scheiben und anschließend mit einem Messer in Würfel schneiden.

Ungarischer Eintopf

Für 4 Portionen
Zubereitungszeit: ca. 45 Min.
ca. 650 kcal/2717 kJ

1 kg festkochende Kartoffeln
Salz
3 Zwiebeln
2 Knoblauchzehen
4 rote Paprikaschoten
2 EL Butterschmalz
1 EL Paprikapulver
¼ l Fleischbrühe
gemahlener schwarzer Pfeffer
300 g Cabanossi, in Scheiben
2 EL Knoblauch-Crème-fraîche
Tabasco

1. Die Kartoffeln waschen, schälen, würfeln und in Salzwasser 10 Minuten vorkochen.
2. Die Zwiebeln und die Knoblauchzehen schälen und hacken. Die Paprikaschoten putzen, waschen und in Stücke schneiden.
3. Das Schmalz erhitzen, das rohe Gemüse darin andünsten. Das Paprikapulver unterrühren. Die Brühe angießen und aufkochen.
4. Die Kartoffeln hinzufügen, mit Pfeffer würzen und im geschlossenen Topf etwa 5 Minuten garen.
5. Die Wurst zum Gemüse geben und weitere 5 Minuten garen. Die Crème fraîche unterrühren und mit Tabasco, Pfeffer und Paprika abschmecken.
(auf dem Foto: unten)

LABSKAUS

Für 4 Portionen
Zubereitungszeit: ca. 2½ Std.
ca. 500 kcal/2090 kJ

2 Zwiebeln
500 g gepökelte Rinderbrust
2 Lorbeerblätter
10 schwarze Pfefferkörner
10 Senfkörner
1 kg mehligkochende Kartoffeln
125 g Schalotten
3 EL Butterschmalz
1 Glas eingelegte rote Bete (430 g Gemüseeinwaage)
4 Gewürzgurken
1 Spritzer Worcestersauce
Salz
gemahlener weißer Pfeffer

1. Die Zwiebeln schälen, mit der Rinderbrust, den Lorbeerblättern, den Pfeffer- und Senfkörnern in einen Topf geben, mit Wasser bedecken und zum Kochen bringen. Etwa 1½ Stunden kochen lassen. Das Fleisch darf nicht zerfallen.
2. Das Fleisch aus der Brühe nehmen und durch einen Fleischwolf drehen.
3. Die Kartoffeln waschen, schälen, würfeln und in der Brühe garen.
4. Die Schalotten schälen und fein hacken. Das Butterschmalz in einem Topf zerlassen und die Schalotten darin anbraten.
5. Dann die Kartoffeln durch eine Kartoffelpresse drücken und mit dem Fleisch unter die Schalotten mischen.
6. Die roten Bete und die Gewürzgurken fein würfeln und ebenfalls unterheben. Das Labskaus unter ständigem Rühren in einem Topf nochmals erwärmen, dabei nach Belieben noch etwas Brühe oder Rote-Bete-Saft angießen.
7. Zuletzt mit Worcestersauce, Salz und Pfeffer abschmecken. Das Labskaus mit einem Spiegelei und Matjesfilet oder Salzhering servieren.
(auf dem Foto oben)

FEINSCHMECKER-TIP

Gepökelte Rinderbrust haben Metzger nur selten vorrätig. Wenn Sie Labskaus kochen wollen, sollten Sie deshalb die Rinderbrust 1 bis 2 Tage vorher bestellen.

FISCHERTOPF

Für 4 Portionen
Zubereitungszeit: ca. 45 Min.
ca. 325 kcal/1358 kJ

500 g festkochende Kartoffeln
Salz
500 g Rotbarschfilet
2 EL Zitronensaft
3 Zwiebeln
1 Knoblauchzehe
2 EL Butterschmalz
½ l Fleischbrühe
125 ml Weißwein
1 Salatgurke
2 EL Crème fraîche
1 EL mittelscharfer Senf
2 Bund gehackter Dill
gemahlener weißer Pfeffer

1. Die Kartoffeln waschen, schälen, würfeln und in Salzwasser 10 Minuten vorkochen.
2. Den Fisch säubern, mit Zitronensaft beträufeln, salzen, ziehen lassen und in Würfel schneiden.
3. Die Zwiebeln und die Knoblauchzehe schälen, hacken und im Butterschmalz anbraten, die Brühe und den Weißwein angießen.
4. Die Salatgurke schälen und würfeln. Die Kartoffel-, Gurken- und Fischstücke in die Brühe geben und etwa 15 Minuten ziehen lassen.
5. Die Crème fraîche, den Senf und den Dill unterrühren und mit Pfeffer abschmecken.
(auf dem Foto unten)

KUNTERBUNTE KARTOFFEL-SALATE

Der deftige Kartoffelsalat ist allseits beliebt und darf auf keiner zünftigen Party fehlen. Kombiniert mit Fisch, Fleisch oder knackigem Gemüse wird's immer ein gelungener Schmaus. Ob mit einer würzigen Essig-Öl-Marinade, cremiger Mayonnaise oder einem schlanken Joghurtdressing – in diesem Kapitel ist für jeden Geschmack etwas dabei.

(Bunter Partysalat, Rezept S. 28)

Bunter Partysalat

Für 10 Portionen
Zubereitungszeit: ca. 1¼ Std.
Zeit zum Durchziehen:
ca. 1 Std.
ca. 260 kcal/1086 kJ

3 kg festkochende Kartoffeln
Salz
4 Becher Magermilchjoghurt (à 150 g)
1 Becher Kräuter-Crème-fraîche (125 g)
1 TL mittelscharfer Senf
1 EL Curryketchup
200 ml Rinderbrühe
1 Bund Schnittlauch, in Röllchen
1 Bund gehackte Petersilie
1 Bund gehackter Dill
1 Prise Zucker
Zitronensaft
Currypulver
Knoblauchpfeffer
2 säuerliche Äpfel (Boskoop)
2 Zwiebeln
3 Gewürzgurken
1 grüne Paprikaschote

1. Die Kartoffeln waschen, in Salzwasser garen, abgießen, pellen und abkühlen lassen.
2. In der Zwischenzeit den Joghurt, die Crème fraîche, den Senf, den Ketchup und die Brühe verrühren. Die Kräuter unterheben.
3. Die Sauce mit Zucker, Zitronensaft, Curry und Knoblauchpfeffer pikant abschmecken.
4. Die Äpfel schälen, entkernen und in Stücke schneiden. Die Zwiebeln schälen und hacken. Die Gewürzgurken würfeln.
5. Die Paprikaschote putzen, waschen, entkernen und in kurze Streifen schneiden. Alles mit der Joghurtsauce mischen.
6. Die Kartoffeln in Scheiben schneiden, zum Schluß unter den Salat heben und alles etwa 1 Stunde durchziehen lassen.
(auf dem Foto S. 26)

Feinschmecker-Tip

Dieser Kartoffelsalat schmeckt besonders gut zu gegrilltem Fleisch und gebratenem Fisch.

Knackiger Kartoffelsalat

Für 6 Portionen
Zubereitungszeit: ca. 1 Std.
Zeit zum Durchziehen:
ca. 1 Std.
ca. 580 kcal/2427 kJ

1 kg festkochende Kartoffeln
Salz
½ Packung TK-Erbsen (150 g)
2 Kohlrabi
2 Bund Radieschen
1 Zwiebel
125 g durchwachsener Speck
1 EL Distelöl
200 g saure Sahne
150 g Remoulade
2 EL Weißweinessig
2 Eigelb
gemahlener schwarzer Pfeffer

1. Die Kartoffeln waschen, in Salzwasser kochen, pellen, abkühlen lassen und in Würfel schneiden.
2. Die Erbsen in wenig Salzwasser aufkochen und etwa 3 Minuten blanchieren.
3. Die Kohlrabi schälen und würfeln. Die Radieschen putzen, waschen und vierteln. Die Zwiebel schälen und hacken.
4. Den Speck würfeln, im heißen Öl auslassen und unter das gemischte Gemüse heben.
5. Die Sahne, die Remoulade, den Essig und die Eigelbe verquirlen. Mit Salz und Pfeffer abschmecken, unter den Salat heben und etwa 1 Stunde durchziehen lassen.
(auf dem Foto rechts)

Kartoffel-Bohnen-Salat

Für 4 Portionen
*Zubereitungszeit: ca. 45 Min.
Zeit zum Durchziehen:
ca. 1 Std.
ca. 650 kcal/2717 kJ*

750 g vorwiegend festkochende Kartoffeln, Salz
500 g grüne Bohnen
1 Bund Bohnenkraut
200 g Leerdamerkäse
75 g Walnußkerne
4 hart gekochte Eier
3 EL mittelscharfer Senf
6 EL Sherryessig
8 EL Walnußöl
gemahlener schwarzer Pfeffer

1. Die Kartoffeln waschen, in Salzwasser garen, pellen und in Scheiben schneiden.
2. Die Bohnen putzen, waschen und mit dem Bohnenkraut in Salzwasser etwa 20 Minuten garen, dann abgießen.
3. Den Käse würfeln, die Nüsse grob hacken. Alle Zutaten mischen.
4. Die Eier pellen. Die Eiweiße hacken und zu den übrigen Zutaten geben.
5. Die Eigelbe durch ein Sieb streichen. Den Senf, den Essig und das Öl unterrühren, mit Salz und Pfeffer würzen. Die Creme unter die Zutaten heben und den Salat etwa 1 Stunde durchziehen lassen.
(auf dem Foto: links)

Kartoffel-Sellerie-Salat

Für 4 Portionen
Zubereitungszeit: ca. 45 Min.
Zeit zum Durchziehen:
ca. 1 Std.
ca. 425 kcal/1776 kJ

500 g vorwiegend festkochende Kartoffeln, Salz
100 ml heiße Gemüsebrühe
150 g Champignons, in Scheiben
2 EL Kürbiskerne
1 EL Sonnenblumenöl
250 g Staudensellerie, in Stückchen
2 Tomaten, in Achteln
250 g Brennesselkäse, in Würfeln
3 Becher Magermilchjoghurt (à 150 g)
1 TL Dijonsenf
1 EL Curryketchup
1 Prise Zucker
gemahlener weißer Pfeffer
Selleriesalz

1. Die Kartoffeln waschen, in Salzwasser garen, pellen und in Scheiben schneiden. Die heiße Brühe darübergießen.
2. Die Champignons mit den Kürbiskernen im Öl anbraten. Diese und alle weiteren Salatzutaten mit den Kartoffeln mischen.
3. Den Joghurt mit dem Senf und dem Ketchup verrühren. Mit Zucker, Pfeffer und Selleriesalz abschmecken. Die Sauce unter den Salat heben und etwa 1 Stunde durchziehen lassen.
(auf dem Foto: rechts)

Fruchtiger Kartoffelsalat

Für 2 Portionen
Zubereitungszeit: ca. 45 Min.
ca. 700 kcal/2926 kJ

500 g festkochende Kartoffeln
Salz
500 g feste Birnen (Kaiserkrone)
125 g Crème de Baars oder
Butterkäse
1–2 EL Zitronensaft
5 EL Salatcreme (Fertigprodukt)
5 EL Vollmilchjoghurt
1 Bund gehackter Dill
gemahlener weißer Pfeffer

1. Die Kartoffeln waschen, in Salzwasser garen, abgießen, pellen, abkühlen lassen und würfeln.
2. Die Birnen schälen, vierteln und entkernen. Die Birnen und den Käse würfeln. Die Birnenwürfel mit Zitronensaft beträufeln, damit sie nicht braun werden. Beides mit den Kartoffeln mischen.
3. Die Salatcreme, den Joghurt und den Dill verrühren, mit Salz und Pfeffer abschmecken und über die Salatzutaten gießen.
(auf dem Foto oben)

Hülsenfrüchte-Salat

Für 4 Portionen
Zubereitungszeit: ca. 1¼ Std.
Zeit zum Durchziehen:
ca. 2 Std.
ca. 950 kcal/3971 kJ

200 g rote Bohnen
200 g Linsen, Salz
750 g vorwiegend
festkochende Kartoffeln
250 g durchwachsener Speck
2 Bund Lauchzwiebeln
6 EL Rotweinessig
gemahlener schwarzer Pfeffer
6 EL Olivenöl

1. Die Bohnen über Nacht einweichen. Die Linsen und die Bohnen am nächsten Tag etwa 1 Stunde kochen, abgießen, erst dann salzen.
2. Die Kartoffeln waschen, in Salzwasser garen, pellen und in Scheiben schneiden.
3. Den Speck würfeln und in einer Pfanne auslassen.
4. Die Lauchzwiebeln putzen, waschen und in feine Ringe schneiden. Die Lauchzwiebelringe im Speckfett kurz anbraten. Dann beides mit den Hülsenfrüchten unter die warmen Kartoffelscheiben mischen.
5. Den Essig mit Salz und Pfeffer verrühren. Das Öl unterschlagen und die Marinade mit den warmen Salatzutaten mischen. Den Salat etwa 2 Stunden durchziehen lassen.
(auf dem Foto unten: links)

Kartoffel-Bohnenkerne-Salat

Für 4 Portionen
Zubereitungszeit: ca. 45 Min.
Zeit zum Durchziehen:
ca. 1 Std.
ca. 725 kcal/3030 kJ

1 kg sehr kleine, vorwiegend
festkochende Kartoffeln
Salz
250 g durchwachsener Speck
6 EL Olivenöl
2 Gläser weiße Bohnenkerne
(à 220 g Gemüseeinwaage)
4 EL Sherryessig
gemahlener weißer Pfeffer
1 Bund Schnittlauch,
in Röllchen

1. Die Kartoffeln waschen, in Salzwasser garen, abgießen und pellen.
2. Den Speck würfeln und in 2 Eßlöffeln Öl auslassen.
3. Die Bohnenkerne auf einem Sieb gut abtropfen lassen. Dann mit dem Speck unter die warmen Kartoffeln mischen.
4. Den Essig mit Salz und Pfeffer verrühren, das restliche Öl und den Schnittlauch unterschlagen. Mit den Salatzutaten mischen und alles etwa 1 Stunde durchziehen lassen.
(auf dem Foto unten: rechts)

Salat Nizza

Für 4 Portionen
*Zubereitungszeit: ca. 45 Min.
Zeit zum Durchziehen:
ca. 1 Std.
ca. 220 kcal/919 kJ*

1 Glas gefüllte Oliven (35 g), in Scheiben
2 EL Sherry
500 g vorwiegend festkochende Kartoffeln
Salz
2 EL Sherryessig
1 gehackte Zwiebel
gemahlener weißer Pfeffer
1 Prise Zucker
4 EL Olivenöl
250 g grüne Bohnen
1 Bund Bohnenkraut
6 Sardellenfilets
125 g halbierte Kirschtomaten
1 Glas Kapern (35 g)

1. Die Oliven mit dem Sherry beträufeln und ziehen lassen.
2. Die Kartoffeln kochen, abgießen, pellen und in Scheiben schneiden.
3. Den Essig mit der Zwiebel, Salz, Pfeffer, Zucker und Öl verrühren und über die warmen Kartoffelscheiben gießen.
4. Die Bohnen putzen, waschen und mit dem Bohnenkraut in Salzwasser etwa 20 Minuten bißfest garen.
5. Die Sardellenfilets abspülen und in Streifen schneiden. Alle Zutaten mischen und etwa 1 Stunde durchziehen lassen.
(auf dem Foto: links)

Matjessalat

Für 4 Portionen
Zubereitungszeit: ca. 45 Min.
Zeit zum Durchziehen:
ca. 1 Std.
ca. 1200 kcal/5016 kJ

1 kg festkochende Kartoffeln
Salz
8 Gewürzgurken
4 rote Zwiebeln
8 Matjesfilets
2 Eigelb
2 TL Dijonsenf
1 EL Weißweinessig
gemahlener weißer Pfeffer
1 Prise Zucker
¼ l Distelöl
2 Bund gehackter Dill

1. Die Kartoffeln in Salzwasser garen und pellen.
2. Die Gurken und die Zwiebeln schälen. Das Gemüse und den Fisch in feine Streifen beziehungsweise Ringe schneiden. Alle Zutaten mischen.
3. Die Eigelbe, den Senf und den Essig mit Salz, Pfeffer und Zucker in einer hohen Rührschüssel mit dem Handrührgerät kräftig verschlagen.
4. Dann das Öl unter ständigem Rühren in einem dünnen Strahl dazugießen. Den Dill unterziehen und nochmals abschmecken.
5. Die Sauce mit den Salatzutaten mischen und den Salat etwa 1 Stunde durchziehen lassen.
(auf dem Foto: rechts)

Räucherfisch-Salat

Für 4 Portionen
Zubereitungszeit: ca. 45. Min.
ca. 450 kcal/1881 kJ

500 g festkochende Kartoffeln
Salz
4 Bananen
4 Schillerlocken (à 50 g)
2 EL Zitronensaft
125 g halbierte Kirschtomaten
50 g frischer Meerrettich
1 Becher Magermilchjoghurt (150 g)
75 g Salatcreme (Fertigprodukt)
gemahlener weißer Pfeffer

1. Die Kartoffeln waschen, in Salzwasser garen, abgießen, pellen und in Würfel schneiden.
2. Die Bananen schälen. Die Bananen und die Schillerlocken in Scheiben schneiden. Die Bananenscheiben mit Zitronensaft beträufeln, damit sie nicht braun werden.
3. Die vorbereiteten Zutaten und die Tomatenhälften vorsichtig mischen.
4. Den Meerrettich schälen und fein reiben.
5. Den Joghurt und die Salatcreme verrühren. Den Meerrettich dazugeben und mit Salz und Pfeffer abschmecken. Die Sauce vorsichtig mit den Salatzutaten mischen.
(auf dem Foto: oben)

Scampi-Spinat-Salat

Für 4 Portionen
Zubereitungszeit: ca. 45 Min.
ca. 350 kcal/1463 kJ

750 g festkochende Kartoffeln
Salz
150 g frischer Spinat
1 Becher Knoblauch-Crème-fraîche (125 g)
100 g süße Sahne
gemahlener weißer Pfeffer
Zitronensaft
250 g halbierte Kirschtomaten
250 g gekochte Scampi

1. Die Kartoffeln waschen, in Salzwasser garen, abgießen, pellen und in Streifen schneiden.
2. Den Spinat verlesen, gründlich waschen und im Mixer pürieren. Die Crème fraîche und die Sahne unterrühren, mit Salz, Pfeffer und wenig Zitronensaft abschmecken.
3. Die Kartoffeln mit den Tomatenhälften und den Scampi mischen. Die Salatsauce unterheben.
(auf dem Foto: unten)

Feinschmecker-Tip

500 Gramm Kartoffeln entsprechen der Menge von etwa 10 kleinen oder 5 mittelgroßen Kartoffeln oder 2 großen Grillkartoffeln.

Rote-Bete-Salat

Für 4 Portionen
Zubereitungszeit: ca. 45 Min.
Zeit zum Durchziehen: ca. 1 Std.
ca. 475 kcal/1985 kJ

1 kg vorwiegend festkochende Kartoffeln
Salz
8 EL Sherryessig
gemahlener schwarzer Pfeffer
8 EL Sojaöl
2 säuerliche Äpfel (Boskoop)
2 Gläser kleine, eingelegte Rote-Bete-Kugeln (à 350 g Gemüseeinwaage)
5 Gewürzgurken

1. Die Kartoffeln waschen, in Salzwasser garen, abgießen, pellen und in Scheiben schneiden.
2. Den Essig mit Salz und Pfeffer verrühren, dann das Öl unterschlagen. Die Marinade über die noch warmen Kartoffelscheiben gießen.
3. Die Äpfel schälen, entkernen und würfeln. Die Rote-Bete-Kugeln abtropfen lassen und vierteln. Die Gewürzgurken in Scheiben schneiden.
4. Alle Zutaten vorsichtig mit den Kartoffeln mischen und den Salat etwa 1 Stunde durchziehen lassen.
(auf dem Foto: Mitte)

Sprossen-Kartoffel-Salat

Für 4 Portionen
*Zubereitungszeit: ca. 45 Min.
ca. 325 kcal/1358 kJ*

250 g festkochende Kartoffeln
Salz
200 g Möhren
2 Äpfel
1–2 EL Zitronensaft
125 g Sprossenmischung
(aus Mungobohnen, Alfalfa, Linsen, Senf und Bockshornklee)
75 g Sonnenblumenkerne
2 Becher Vollmilchjoghurt
(à 150 g)
2 EL Salatcreme (Fertigprodukt)
1 EL mittelscharfer Senf
gemahlener weißer Pfeffer
1 Prise Zucker

1. Die Kartoffeln waschen, in Salzwasser garen, abgießen, pellen und in Würfel schneiden.
2. Die Möhren schälen und raspeln. Die Äpfel schälen, entkernen, in Spalten schneiden und mit Zitronensaft beträufeln, damit sie nicht braun werden.
3. Alle vorbereiteten Salatzutaten, die Sprossen und die Sonnenblumenkerne mischen.
4. Den Joghurt mit der Salatcreme und dem Senf verrühren, mit Pfeffer, Salz und Zucker abschmecken und alles mischen.
(auf dem Foto: Mitte)

Avocado-Kartoffel-Salat

Für 4 Portionen
*Zubereitungszeit: ca. 1 Std.
Zeit zum Durchziehen:
ca. 1 Std.
ca. 475 kcal/1985 kJ*

500 g festkochende Kartoffeln
Salz
2 hart gekochte Eier
2 Avocados
2 EL Zitronensaft
1 rote Paprikaschote
75 g Sonnenblumenkerne
1 Becher Magermilchjoghurt
(150 g)
3 EL Tomatenketchup
2 EL Salatcreme (Fertigprodukt)
Tabasco
Paprikapulver

1. Die Kartoffeln waschen, schälen, mit einem Kugelausstecher Kugeln ausstechen und diese in Salzwasser garen. Die Eier pellen und achteln.
2. Die Avocados schälen, halbieren, entsteinen und in Spalten schneiden. Mit dem Zitronensaft beträufeln, damit sie nicht braun werden.
3. Die Paprikaschote putzen, waschen und in Streifen schneiden. Die Sonnenblumenkerne rösten. Alle Zutaten mischen.
4. Den Joghurt, den Ketchup und die Salatcreme verrühren, mit Tabasco, Paprika und Salz würzen. Alles mischen und etwa 1 Stunde durchziehen lassen.
(auf dem Foto: oben)

Kartoffel-Obst-Salat

Für 4 Portionen
*Zubereitungszeit: ca. 45 Min.
ca. 475 kcal/1985 kJ*

500 g neue festkochende Kartoffeln
Salz
2 Birnen
1 kleine Ananas
125 g Parmaschinken
125 g Salatcreme
(Fertigprodukt)
1 Becher Magermilchjoghurt
(150 g)
gemahlener schwarzer Pfeffer
Paprikapulver, edelsüß
Currypulver
1 Prise Zucker

1. Die Kartoffeln abbürsten, in Salzwasser garen und abkühlen lassen. Mit der Schale würfeln.
2. Die Birnen schälen, entkernen und würfeln. Die Ananas schälen, in Scheiben schneiden, den harten Kern entfernen und das Fruchtfleisch würfeln.
3. Den Parmaschinken in Streifen schneiden. Alle Zutaten mischen.
4. Die Salatcreme mit dem Joghurt verrühren und mit Salz, Pfeffer, Paprika, Curry und Zucker abschmecken. Die Sauce unter die Salatzutaten heben.
(auf dem Foto: unten)

Herzhaftes und Süsses aus dem Ofen

Dampfende Ofenkartoffeln sind nicht nur in Verbindung mit pikanter Creme, Kräuterquark oder Knoblauchbutter eine Köstlichkeit. Aus der schmackhaften Knolle lassen sich gut dampfende Aufläufe mit goldgelber Kruste, saftige Pizzas und sogar süße Kuchen backen.

(Makrelenauflauf, Rezept S. 42)

Makrelen-Auflauf

Für 4 Portionen
Zubereitungszeit: ca. 1 Std.
Backofen auf 200°C vorheizen
Backzeit: ca. 35 Min.
ca. 550 kcal/2299 kJ

---

1 kg mehligkochende
Kartoffeln
Salz
2 kleine geräucherte Makrelen
(à 150 g)
500 g Tomaten, in Scheiben
Fett für die Form
gemahlener schwarzer Pfeffer
1 Becher saure Sahne (200 g)
2 Eier
1 Bund Schnittlauch
geriebene Muskatnuß
100 g geraspelter Favorel Käse
oder mittelalter Gouda
50 g Butter

---

1. Die Kartoffeln in Salzwasser garen, pellen und in Scheiben schneiden.
2. Die Makrelen häuten, entgräten und in Stücke teilen.
3. Die Kartoffel- und Tomatenscheiben sowie die Fischstücke abwechselnd (oberste Schicht Kartoffeln) in eine gefettete Auflaufform (20 x 25 cm) schichten. Das Gemüse leicht salzen und pfeffern.
4. Die Sahne mit den Eiern, dem Schnittlauch, Salz, Pfeffer und Muskatnuß verquirlen und darübergießen.
5. Den Käse darüberstreuen und Butterflöckchen daraufgeben. Bei 200°C etwa 35 Minuten backen.
(auf dem Foto S. 40)

Fischfilet im Kartoffelkranz

Für 4 Portionen
Zubereitungszeit: ca. 50 Min.
Backofen auf 225°C vorheizen
Backzeit: ca. 10 Min.
ca. 650 kcal/2717 kJ

---

1 Rezept Kartoffelpüree
(siehe Seite 54)
500 g Lengfischfilet
Salz, 2 EL Zitronensaft
3 EL Butter
3 EL Mehl (30 g)
3 EL mittelscharfer Senf
⅛ l Gemüsebrühe
⅛ l Weißwein
250 g süße Sahne
1 Bund gehackter Dill
gemahlener weißer Pfeffer
3 Eigelb
Fett für die Form

---

1. Das Püree zubereiten. Den Fisch waschen, salzen und mit wenig Zitronensaft beträufeln.
2. Die Butter schmelzen. Das Mehl darin anschwitzen. Den Senf, die Brühe, den Wein und die Sahne unterrühren. Mit Dill, Salz und Pfeffer abschmecken. Die Sauce mit den Eigelben legieren.
3. In eine gefettete Auflaufform (20 x 30 cm) einen Kartoffelpüreerand spritzen.
4. Das Fischfilet in die Mitte legen und mit der Sauce überziehen. Bei 225°C etwa 10 Minuten backen.
(auf dem Foto oben)

Sauerkraut-Auflauf

Für 4 Portionen
Zubereitungszeit: ca. 50 Min.
Backofen auf 200°C vorheizen
Backzeit: ca. 40 Min.
ca. 900 kcal/3762 kJ

---

1 kg mehligkochende
Kartoffeln
Salz
250 ml Buttermilch, 2 EL Butter
geriebene Muskatnuß
400 g Kasseler, in Würfeln
3 EL Schweineschmalz
2 gehackte Zwiebeln
750 g Sauerkraut
250 g Äpfel, in Stücken
⅛ l Brühe, 4 EL Calvados
5 Wacholderbeeren
Fett für die Form
200 g geriebener Crème de Baars oder Butterkäse

---

1. Aus den Kartoffeln, der Buttermilch, der Butter und Muskatnuß ein Püree bereiten (siehe Rezept Seite 54).
2. Den Kasseler in dem Schmalz anbraten. Die Zwiebeln und das Sauerkraut darin andünsten. Die Äpfel, die Brühe, den Calvados und die Wacholderbeeren hinzufügen und alles etwa 30 Minuten schmoren lassen.
3. Die Hälfte des Pürees in eine gefettete Auflaufform (20 x 30 cm) streichen. Das Sauerkraut gut abtropfen lassen und darauf verteilen. Mit Püree bedecken und Käse bestreuen. Bei 200°C etwa 40 Minuten backen.
(auf dem Foto unten)

Kastanien im Nest

Für 4 Portionen
Zubereitungszeit: ca. 45 Min.
Backofen auf 175° C vorheizen
Backzeit: ca. 1¼ Std.
ca. 1000 kcal/4180 kJ

200 g getrocknete Aprikosen
⅛ l Weißwein
400 g Eßkastanien
1 Wirsingkohl (1 kg)
750 g vorwiegend festkochende Kartoffeln
4 Kochmettwürste (à 100 g)
¼ l Fleischbrühe

1. Die Aprikosen im Wein einweichen.
2. Die Schale der Kastanien kreuzweise einschneiden, die Kastanien etwa 10 Minuten kochen und anschließend schälen.
3. Den Kohl putzen, in einzelne Blätter teilen und blanchieren.
4. Die Kartoffeln waschen, schälen und würfeln. Die Mettwürste in Scheiben schneiden.
5. Eine hohe Auflaufform (18 cm ⌀) mit einem Teil der Kohlblätter auslegen. Alle vorbereiteten Zutaten mischen und hineinfüllen. Die Brühe darübergießen und alles mit den restlichen Kohlblättern abdecken.
6. Die Form verschließen und die Zutaten bei 175° C etwa 1¼ Stunden garen.
(auf dem Foto: oben)

Gratin Stroganoff

Für 4 Portionen
Zubereitungszeit: ca. 45 Min.
Backofen auf 200° C vorheizen
Backzeit: ca. 1 Std.
ca. 650 kcal/2717 kJ

750 g vorwiegend festkochende Kartoffeln
Salz
250 g Zwiebeln
150 g Champignons
500 g Schweinefilet
4 Gewürzgurken
4 EL Distelöl
gemahlener schwarzer Pfeffer
2 EL Dijonsenf
1 Becher saure Sahne (200 g)
Fett für die Form
100 g Frühstücksspeck

1. Die Kartoffeln waschen, in Salzwasser garen, abgießen, pellen und in Scheiben schneiden.
2. Die Zwiebeln schälen. Die Champignons putzen und mit einem feuchten Tuch abreiben. Das Schweinefilet und die Gurken in schmale Scheiben, die Zwiebeln in dünne Ringe und die Champignons in Blättchen schneiden.
3. Das Öl in einer Pfanne erhitzen und das Fleisch darin portionsweise braten, dadurch tritt weniger Fleischsaft aus und das Filet bleibt saftiger. Anschließend salzen und pfeffern.
4. Die Zwiebeln im Bratfett glasig braten. Die Champignons hinzufügen und ebenfalls braten.
5. Nach 5 Minuten die Gurken, das Fleisch, 1 Eßlöffel Senf und 2 Eßlöffel saure Sahne untermischen und mit Pfeffer abschmecken.
6. Die Hälfte der Kartoffelscheiben in eine gefettete Auflaufform (20 x 25 cm) legen, salzen und pfeffern. Das Fleisch und das Gemüse darauf verteilen. Mit den restlichen Kartoffelscheiben bedecken, ebenfalls salzen und pfeffern.
7. Die restliche saure Sahne und den Senf im Bratfett erhitzen und gleichmäßig über dem Gratin verteilen.
8. Den Gratin bei 200° C etwa 30 Minuten backen. Den Frühstücksspeck darauf verteilen und bei gleicher Temperatur weitere 30 Minuten überbacken.
(auf dem Foto: unten)

Kartoffelpizza

Für ca. 8 Portionen
Zubereitungszeit: ca. 1 Std.
Backofen auf 225°C vorheizen
Backzeit: ca. 45 Min.
ca. 560 kcal/2340 kJ

2 kg vorwiegend festkochende Kartoffeln
2 Zwiebeln
150 g saure Sahne
6 Eier
500 g mittelalter Gouda
Salz
gemahlener weißer Pfeffer
Fett für das Blech
1 Dose Tomatenmark (140 g)
1 Becher Magermilchjoghurt (150 g)
1 Bund gehackter Thymian
1 große rote Paprikaschote
1 große grüne Paprikaschote
125 g Champignons
100 g gefüllte Oliven
150 g Cabanossi

1. Die Kartoffeln waschen, schälen, fein reiben und die Kartoffelmasse etwas ausdrücken.
2. Die Zwiebeln schälen, hacken und mit der Hälfte der sauren Sahne, den Eiern und 200 Gramm geriebenem Käse unter die Kartoffelmasse rühren. Mit Salz und Pfeffer kräftig würzen.
3. Die Masse auf ein gefettetes Backblech streichen und bei 225°C etwa 20 Minuten vorbacken.
4. In der Zwischenzeit die restliche saure Sahne mit dem Tomatenmark, dem Joghurt und dem Thymian verrühren.
5. Die Paprikaschoten putzen, waschen und in Würfel schneiden. Die Pilze putzen, mit einem feuchten Tuch abreiben und blättrig schneiden. Die Oliven und die Cabanossi in Scheiben schneiden.
6. Die Pizza dünn mit der Tomatencreme bestreichen, dann mit dem Gemüse und der Cabanossi belegen. Zum Schluß mit dem restlichen geriebenen Käse bestreuen und bei 200°C etwa 25 Minuten backen.

Feinschmecker-Tip

Lange gereifter, alter Käse läßt sich leicht reiben, bei jungem oder mittelaltem Käse ist dies schwieriger. Legen Sie diesen vorher kurz in das Gefrierfach, danach läßt auch er sich problemlos reiben.

Braten mit Birnenkartoffeln

Für 4 Portionen
*Zubereitungszeit: ca. 1½ Std.
Backofen auf 200° C vorheizen
ca. 950 kcal/3975 kJ*

1 kg Schweinebraten mit Schwarte
gemahlener schwarzer Pfeffer
Salz
1 EL getrockneter Thymian
3 Schalotten
1 kg vorwiegend festkochende Kartoffeln
¼ l Fleischbrühe
500 g Birnen
1 TL Senf
1 EL Crème fraîche
1–2 EL Speisestärke

1. Das Fleisch waschen und gründlich abtrocknen. Die Schwarte mit einem scharfen Messer kreuzweise einschneiden oder vom Metzger bereits so vorbereiten lassen.
2. Den Braten rundherum mit Pfeffer, Salz und der Hälfte des getrockneten Thymians einreiben.
3. Die Schalotten schälen und vierteln. Die Kartoffeln waschen, schälen und der Länge nach vierteln.
4. Das Fleisch mit der Schwarte nach oben in einen Bräter legen. Die Schalotten und die Kartoffeln darumherum verteilen und mit dem restlichen Thymian bestreuen.
5. Die Fleischbrühe angießen und alles bei 200°C etwa 1 Stunde im Ofen braten. Dabei das Fleisch zwischendurch mehrmals mit der Brühe begießen und verdampfte Flüssigkeit ergänzen.
6. Nach 30 Minuten die Birnen schälen, entkernen, in Spalten schneiden und unter die Kartoffeln mischen.
7. Den Braten, die Kartoffeln und die Birnen aus dem Bräter nehmen, auf eine Platte legen und im Ofen warm halten.
8. Den Sud mit Senf und Crème fraîche verrühren und aufkochen.
9. Die Speisestärke mit etwas kaltem Wasser anrühren, in die kochende Flüssigkeit gießen, bis sie dicklich wird. Die Sauce nochmals mit Pfeffer, Salz und Senf abschmecken und extra zum Braten servieren.
(auf dem Foto: oben)

Überbackenes Püree

Für 4 Portionen
*Zubereitungszeit: ca. 45 Min.
Backofen auf 225° C vorheizen
Backzeit: ca. 15 Min.
ca. 650 kcal/2717 kJ*

1 Rezept Kartoffelpüree (siehe Seite 54)
1 Bund gehacktes Basilikum
4 Eier
200 g geriebener Leerdamer Käse
100 g Mettwurst
2 Stangen Porree (Lauch)
2 EL Butterschmalz
Fett für die Form
3 TL Butter

1. Das Püree zubereiten und mit Basilikum abschmecken.
2. Die Eier trennen. Die Eigelbe und den Käse unter das Kartoffelpüree rühren. Die Wurst würfeln und ebenfalls unterheben.
3. Den Porree putzen, waschen, in Ringe schneiden und im Butterschmalz etwa 5 Minuten anbraten.
4. Die Eiweiße steif schlagen und unter das Kartoffelpüree ziehen.
5. Das Püree und den Porree in eine hohe, gefettete Auflaufform (20 cm ⌀) schichten. Die Butter in Flöckchen daraufsetzen und alles bei 225°C etwa 15 Minuten überbacken.
(auf dem Foto: unten)

Kartoffelkuchen vom Blech

Ergibt ca. 12 Stücke
Zubereitungszeit: ca. 1 Std.
Backofen auf 200° C vorheizen
Backzeit: ca. 30 Min.
Pro Stück ca. 420 kcal/1755 kJ

1 kg mehligkochende Kartoffeln
Salz
250 g Weizenmehl Type 1050
350 g Butter
6 Eier
8 EL Zucker
200 g Rosinen
Fett für das Blech
3 TL Zimt

1. Die Kartoffeln waschen, in Salzwasser kochen, abgießen, pellen und erkalten lassen. Anschließend durch eine Kartoffelpresse in eine Schüssel drücken.
2. Die Kartoffelmasse mit dem Mehl, 250 Gramm Butter, den Eiern, 4 Eßlöffeln Zucker und den Rosinen verrühren.
3. Den Teig auf ein gefettetes Backblech streichen. 50 Gramm geschmolzene Butter darüberträufeln und bei 200° C etwa 30 Minuten goldgelb backen.
4. Dann die restliche Butter schmelzen und daraufstreichen. Den restlichen Zucker mit dem Zimt mischen und darüberstreuen.
5. Den Kuchen abkühlen lassen und in etwa 12 Stücke schneiden.
(auf dem Foto unten)

Kartoffeltorte mit Pflaumenmus

Ergibt ca. 16 Stücke
Zubereitungszeit: ca. 1¼ Std.
(ohne Kühlzeit)
Backofen auf 200° C vorheizen
Backzeit: ca. 1 Std.
Pro Stück ca. 250 kcal/1045 kJ

375 g mehligkochende Kartoffeln
Salz
1 unbehandelte Zitrone
3 Eier
200 g Zucker
75 g Vollkorngrieß
1 TL Backpulver
1 TL Zimt
200 g gemahlene Mandeln
Fett für die Form
½ Glas Pflaumenmus (225 g)
100 g Puderzucker
16 Marzipankartoffeln

1. Die Kartoffeln waschen, in Salzwasser garen, pellen, erkalten lassen und durch eine Kartoffelpresse in eine Schüssel drücken.
2. Die Zitrone heiß abwaschen, abtrocknen und die Schale abreiben.
3. Die Eier trennen. Die Eigelbe und den Zucker zu einer dicken Creme schlagen. Den Grieß, das Backpulver, den Zimt und die Zitronenschale vorsichtig unter die Creme heben.
4. Die Eiweiße steif schlagen und zusammen mit den Kartoffeln und den gemahlenen Mandeln gleichmäßig unter die Eigelb-Grieß-Masse heben.
5. Den Teig in eine gefettete Springform (26 cm ⌀) füllen und bei 200° C 45 bis 60 Minuten backen.
6. Den Tortenboden aus der Form lösen und auf einem Kuchengitter abkühlen lassen. Dann waagerecht einmal durchschneiden.
7. Den unteren Tortenboden mit dem Pflaumenmus bestreichen und den oberen Boden darauflegen.
8. Die Zitrone auspressen. Den Puderzucker mit dem Zitronensaft glattrühren. Den Guß auf die Torte streichen und die Marzipankartoffeln rundherum daraufsetzen. Die Torte in 16 Stücke schneiden und mit Zimtschlagsahne servieren.
(auf dem Foto oben)

Feinschmecker-Tip

Diese Torte können Sie ohne die Füllung und den Guß etwa 3 Monate im Gefriergerät lagern.

Beilagen — mehr als eine kulinarische Nebensache

Überraschen Sie Ihre Familie oder Gäste doch zur Abwechslung mal mit pfiffigen Kartoffelbeilagen! Ob knusprige Kroketten oder ein goldgelber Kartoffelgratin aus dem Ofen – so zubereitet sind Kartoffeln köstliche Partner von frischem Salat, Gemüse, Fisch oder Fleisch.

(Kartoffelpüree und Kartoffelpuffer, Rezepte S. 54)

Kartoffelpüree

Für 4 Portionen
Zubereitungszeit: ca. 40 Min.
ca. 220 kcal/919 kJ

1 kg mehligkochende Kartoffeln
Salz
ca. ¼ l heiße Milch
20 g Butter
gemahlener weißer Pfeffer
geriebene Muskatnuß

1. Die Kartoffeln waschen, schälen, in Würfel schneiden und in Salzwasser garen. Die Kartoffeln abgießen, abdampfen und durch eine Kartoffelpresse drücken.
2. Die heiße Milch nach und nach unter die Kartoffelmasse rühren, je nach Beschaffenheit der Kartoffeln die Menge variieren.
3. Zum Schluß die Butter unterrühren und das Püree mit Salz, Pfeffer und Muskat abschmecken.
(auf dem Foto S. 52)

Variationen
Kartoffelpüree können Sie auch mit Kräutern, Tomatenmark oder geriebenem Käse abschmecken.

Kartoffelpuffer

Für 4 Portionen
Zubereitungszeit: ca. 1 Std.
ca. 325 kcal/1358 kJ

1 kg mehligkochende Kartoffeln
1 Zwiebel
2 EL Mehl
4 Eier, Salz
gemahlener weißer Pfeffer
8 EL Butterschmalz

1. Die Kartoffeln waschen, schälen und fein reiben. Die Zwiebel schälen und zu den Kartoffeln reiben.
2. Die Kartoffelmasse mit dem Mehl und den Eiern verrühren. Mit Salz und Pfeffer würzen.
3. Etwas Butterschmalz in einer Pfanne erhitzen. Mit einer Kelle Teig hineinfüllen und flach ausstreichen. Die Puffer bei mittlerer Hitze von beiden Seiten braten, bis die Ränder knusprig braun sind.
(auf dem Foto S. 52)

― FEINSCHMECKER-TIP ―

Besonders würzig schmecken die Kartoffelpuffer, wenn Sie fein gewürfelten Schinken, gehackte Kräuter oder geriebenen Käse unter den Kartoffelteig rühren.

Béchamel-Kartoffeln

Für 4 Portionen
Zubereitungszeit: ca. 45 Min.
ca. 525 kcal/2194 kJ

1 kg vorwiegend festkochende Kartoffeln
Salz
1 Zwiebel
50 g roher Schinken
50 g Butter
40 g Mehl
½ l Fleischbrühe
250 g süße Sahne
gemahlener weißer Pfeffer
1 Prise Zucker

1. Die Kartoffeln waschen und in der Schale in Salzwasser garen.
2. Die Zwiebel schälen und hacken. Den Schinken fein würfeln.
3. Die Butter erhitzen. Die Zwiebel- und die Schinkenwürfel darin anbraten. Das Mehl unterrühren und alles leicht anschwitzen, mit der Brühe und der süßen Sahne ablöschen.
4. Die Sauce mit Salz, Pfeffer und Zucker abschmecken und etwa 10 Minuten leicht köcheln lassen.
5. Die Kartoffeln noch heiß pellen, in Scheiben schneiden und unter die Béchamelsauce heben. Nochmals mit den Gewürzen abschmecken.
(auf dem Foto rechts)

Pommes frites

Für 4 Portionen
Zubereitungszeit: ca. 1 Std.
ca. 250 kcal/1045 kJ

1 kg große, vorwiegend festkochende Kartoffeln
1,5 kg weißes Plattenfett (Kokosfett), Salz

1. Die Kartoffeln waschen und schälen. Erst in Scheiben, dann in Stäbchen schneiden.
2. Die Kartoffelstäbchen nochmals waschen und sorgfältig trockentupfen, damit das Fett beim Ausbakken nicht zu sehr spritzt.
3. Das Fett in einem großen Topf, besser in einer Friteuse, auf 175°C erhitzen. Die Kartoffeln portionsweise, nicht mehr als 250 Gramm auf einmal, ins Fett geben.
4. Die Stäbchen zuerst 2 bis 3 Minuten fritieren, bis die Spitzen hellgelb sind. Dann herausnehmen, abtropfen und auf Küchenpapier abkühlen lassen. Dadurch verlieren sie Feuchtigkeit und werden schön braun.
5. Direkt vor dem Essen die Pommes frites wieder portionsweise ins heiße Fett geben und 4 bis 6 Minuten goldbraun fritieren. Herausnehmen, salzen und in eine vorgewärmte Schüssel geben.
(auf dem Foto: links)

Kartoffelkroketten

Für 6 Portionen
Zubereitungszeit: ca. 1½ Std.
ca. 200 kcal/836 kJ

750 g mehligkochende Kartoffeln
Salz
2 Eigelb
100 g Weizenmehl Type 1050
geriebene Muskatnuß
gemahlener weißer Pfeffer
nach Belieben gehobelte Nüsse oder Mandeln
1,5 kg weißes Plattenfett (Kokosfett)

1. Die Kartoffeln waschen, in Salzwasser garen und pellen.
2. Die Kartoffeln durch eine Kartoffelpresse drücken, mit den Eigelben und dem Mehl verrühren. Den Teig mit Salz, Muskatnuß und Pfeffer kräftig würzen.
3. Mit bemehlten Händen aus dem Teig etwa daumendicke Kroketten formen und diese nach Belieben in den Nüssen oder Mandeln wälzen.
4. Das Fett in einem großen Topf, besser in einer Friteuse, auf 175°C erhitzen.
5. Die Kroketten nacheinander in kleinen Portionen in das heiße Fett geben und 4 bis 6 Minuten goldgelb ausbacken. Herausheben und auf Küchenpapier abtropfen lassen.
(auf dem Foto: unten)

Dauphinkartoffeln

Für 6 Portionen
Zubereitungszeit: ca. 1½ Std.
ca. 160 kcal/668 kJ

500 g mehligkochende Kartoffeln
Salz
⅛ l Wasser
1 EL Butter (10 g)
geriebene Muskatnuß
75 g Mehl, 2 Eier
1 Msp. Backpulver
1,5 kg weißes Plattenfett (Kokosfett)

1. Die Kartoffeln in Salzwasser garen und pellen.
2. Das Wasser mit der Butter, 1 Prise Salz und Muskatnuß zum Kochen bringen. Das Mehl auf einmal hineingeben und solange rühren, bis sich der Teig als Kloß vom Topfboden löst. Dann die Eier nacheinander unterrühren.
3. Die Kartoffeln durch eine Kartoffelpresse zu dem Teig drücken, das Backpulver hinzufügen und alles gut verrühren.
4. Das Fett in einem großen Topf, besser in einer Friteuse, auf 175°C erhitzen.
5. Den Teig in einen Spritzbeutel mit großer Lochtülle füllen und kleine birnenförmige Teigstückchen herausdrücken. Diese portionsweise etwa 7 Minuten goldgelb ausbacken.
(auf dem Foto: oben)

Kartoffel-klöSse mit Buchweizen

Für 12 Stück
Zubereitungszeit: ca. 1¼ Std.
Pro Stück ca. 90 kcal/376 kJ

1 kg mehligkochende Kartoffeln, Salz
1 Ei
50 g Buchweizenmehl
100 g Mehl

1. Die Kartoffeln waschen, in Salzwasser garen, pellen und heiß durch eine Kartoffelpresse drücken.
2. Die Kartoffelmasse mit dem Ei, etwas Salz und den beiden Mehlsorten zu einem geschmeidigen Teig kneten.
3. Mit leicht bemehlten Händen aus dem Teig 12 gleich große Klöße formen.
4. 2 Liter Salzwasser in einem weiten Topf zum Kochen bringen. Die Klöße hineingeben und etwa 10 Minuten darin ziehen lassen. Nur so viele Klöße auf einmal in den Topf geben, wie an der Oberfläche Platz haben. Die Klöße sind gar, wenn sie an der Oberfläche schwimmen.
(auf dem Foto: unten)

Variationen
Lecker schmecken diese Klöße auch als süße Speise. Hierfür benötigen Sie zusätzlich 1 Glas entsteinte Mirabellen (680 Gramm), 12 Stück Würfelzucker, 1 Eßlöffel Speisestärke und Zimt. Füllen Sie 12 Mirabellen mit je einem Stück Zucker. Drücken Sie in jeden Kloß eine gefüllte Mirabelle und rollen die Klöße so lange in den Händen, bis die Oberfläche geschlossen ist. Anschließend werden die Klöße wie oben beschrieben gegart. In der Zwischenzeit kochen Sie den Mirabellensaft auf, binden ihn mit der Speisestärke und erwärmen die restlichen Mirabellen darin. Die Klöße werden mit Zimt und dem Kompott serviert.
Auch herzhafte Varianten schmecken sehr gut, zum Beispiel Meerrettichklöße. Hierfür werden zusätzlich 125 Gramm geriebener Meerrettich unter die Kartoffelmasse gerührt.
Für Kartoffelklöße mit Speck und Zwiebeln kneten Sie jeweils 100 Gramm knusprig gebratene Speck- und Zwiebelwürfel unter die Kartoffelmasse.

Kartoffel-klöSse halb und halb

Für 8 Stück
Zubereitungszeit: ca. 2 Std.
Pro Stück ca. 70 kcal/292 kJ

750 g mehligkochende Kartoffeln, Salz
75 ml heiße Milch
geriebene Muskatnuß
1 Vollkorntoast, 1 TL Butter

1. Am Vortag 250 Gramm Kartoffeln garen und anschließend pellen.
2. Die restlichen Kartoffeln waschen, schälen und in eine Schüssel mit Wasser reiben. Die Kartoffelmasse in einem Tuch gut ausdrükken, das Wasser auffangen und stehen lassen, damit sich die Kartoffelstärke absetzt.
3. Die gekochten Kartoffeln durch eine Kartoffelpresse drücken. Mit der heißen Milch verrühren.
4. Die Kartoffelmassen mischen. Das Kartoffelwasser vorsichtig abgießen und die Kartoffelstärke unter die Kartoffelmasse rühren. Mit Salz und Muskat kräftig würzen.
5. Den Toast würfeln und in der Butter rösten. Die Kartoffelmasse mit angefeuchteten Händen zu Klößen formen, jeden mit Brotwürfeln füllen.
6. Die Klöße in kochendes Salzwasser geben und 15 bis 20 Minuten garziehen lassen.
(auf dem Foto: oben)

Kartoffel-Walnuss-Gratin

Für 4 Portionen
*Zubereitungszeit: ca. ½ Std.
Backofen auf 200° C vorheizen
Backzeit: ca. 1 Std.
ca. 575 kcal/2403 kJ*

1 kg vorwiegend festkochende Kartoffeln
1 Knoblauchzehe
Fett für die Form
200 g geriebener Leerdamer
50 g Walnußkerne
Salz
gemahlener schwarzer Pfeffer
300 ml Milch
2 Eier
1 Bund Schnittlauch, in Röllchen
geriebene Muskatnuß
50 g Butter

1. Die Kartoffeln waschen, schälen und in feine Scheiben schneiden.
2. Die Knoblauchzehe schälen, halbieren und eine flache, feuerfeste Form (ca. 25 cm ⌀) damit ausreiben. Dann mit Fett einstreichen.
3. Die Kartoffelscheiben abwechselnd mit 150 Gramm Käse und den Walnüssen in die Form schichten. Dabei die Kartoffelscheiben mit Salz und Pfeffer würzen.
4. Die Milch, die Eier und den Schnittlauch verquirlen. Mit Pfeffer, Salz und Muskatnuß abschmecken.
5. Die Eiermilch über die Kartoffeln gießen, den restlichen Käse darüberstreuen und die Butter in Flöckchen darauf verteilen.
6. Bei 200° C etwa 1 Stunde goldgelb backen. Damit der Gratin keine zu dunkle Kruste bekommt, decken Sie ihn während der letzten 20 Minuten im Backofen mit Alufolie ab.
(auf dem Foto oben)

Variationen
Lecker schmeckt dieser Gratin auch, wenn Sie den Schnittlauch weglassen und die Kartoffeln statt dessen mit Kräutern der Provence bestreuen. Oder statt dem Leerdamer Camembert, dann jedoch keine Walnüsse nehmen.
Eine andere Variante erhalten Sie, wenn Sie die Hälfte der Kartoffeln durch Gemüse, zum Beispiel durch Möhren oder Porree (Lauch) ersetzen.
Zusammen mit einem frischen Salat können Sie den Kartoffelgratin gut als eine leichte Hauptmahlzeit servieren.

Kümmel-Kartoffeln

Für 4 Portionen
*Zubereitungszeit: ca. 15 Min.
Backofen auf 200° C vorheizen
Backzeit: ca. 30 Min.
ca. 210 kcal/877 kJ*

1 kg kleine, neue Kartoffeln
3 EL Distelöl
2 TL Kümmel
Salz

1. Die Kartoffeln gründlich waschen, dann gut abtrocknen und der Länge nach halbieren.
2. Ein Backblech mit etwas Öl einstreichen und mit Kümmel und Salz bestreuen. Die Kartoffeln mit der Schnittfläche nach unten darauflegen.
3. Dann die Kartoffeln mit dem restlichen Öl bestreichen. Anschließend noch mit etwas Salz bestreuen und bei 200° C etwa 30 Minuten goldgelb backen.
(auf dem Foto unten)

— FEINSCHMECKER-TIP —

Diese knusprigen Kartoffeln sind eine ideale Beilage zu deftigen Fleischgerichten, zu Gegrilltem oder einem Kräuterquark. Der Kümmel läßt sich beliebig durch Kräuter der Provence oder Sesam ersetzen.

Herzogin-Kartoffeln

Für 4 Portionen
*Zubereitungszeit: ca. 50 Min.
Backofen auf 225°C vorheizen
Backzeit: ca. 10 Min.
ca. 300 kcal/1254 kJ*

750 g mehligkochende Kartoffeln
Salz
100 g weiche Butter
6 Eigelb
geriebene Muskatnuß
Fett für das Blech

1. Die Kartoffeln in Salzwasser garen, pellen und heiß durch die Kartoffelpresse drücken.
2. Die heiße Kartoffelmasse mit der Butter und 4 Eigelben verrühren. Mit Salz und Muskatnuß würzen.
3. Das Kartoffelpüree in einen Spritzbeutel mit großer Sterntülle füllen und auf ein gefettetes Backblech Püreerosetten spritzen.
4. Die restlichen Eigelbe mit etwas Wasser glattrühren und die Rosetten damit bestreichen. Bei 225°C etwa 10 Minuten goldgelb überbacken und sofort heiß servieren.

Variationen
Spritzen Sie statt der Rosetten kleine Ringe auf das Blech und füllen diese nach dem Backen mit Erbsen oder einem Frikassee.
Sie erhalten eine weitere hübsche Beilage, wenn Sie vier große mehligkochende Kartoffeln garen und mit Schale längs halbieren. Schälen Sie vier Hälften und bereiten daraus den Teig wie im Rezept beschrieben zu, und spritzen Sie ihn auf die restlichen vier ungeschälten Hälften. Die Kartoffeln werden dann ebenfalls goldgelb überbacken. Sie passen gut zu Gegrilltem.

Rezeptverzeichnis

Avocado-Kartoffel-Salat 38	Kartoffel-Krabben-Suppe 14	Kastanien im Nest 44
Béchamelkartoffeln 54	Kartoffelklöße halb und halb 58	Kümmelkartoffeln 60
Bohneneintopf, würziger 18		**L**abskaus 24
Braten mit Birnenkartoffeln 48	Kartoffelklöße mit Buchweizen 58	**M**akrelenauflauf 42
Dauphinkartoffeln 56		Matjessalat 35
Eintopf, mexikanischer 18	Kartoffelkroketten 56	**P**artysalat, bunter 28
Eintopf, ungarischer 22	Kartoffelkuchen vom Blech 50	Pommes frites 56
Fischertopf 24		Püree, überbackenes 48
Fischfilet im Kartoffelkranz 42	Kartoffel-Obst-Salat 38	**R**äucherfischsalat 36
Gratin Stroganoff 44	Kartoffelpizza 47	Rosenkohlsuppe 16
Grünkohl-Gänse-Eintopf 20	Kartoffelpuffer 54	Rote-Bete-Salat 36
Gurken-Hackklößchen-Topf 16	Kartoffelpüree 54	**S**alat Nizza 34
	Kartoffelsalat, fruchtiger 32	Sauerkrautauflauf 42
Herzoginkartoffeln 62	Kartoffelsalat, knackiger 28	Scampi-Spinat-Salat 36
Hühnersuppe, scharfe 14	Kartoffel-Sellerie-Salat 31	Sprossen-Kartoffel-Salat 38
Hülsenfrüchtesalat 32	Kartoffeltorte mit Pflaumenmus 50	Steckrübentopf, pikant-süßer 22
Kartoffel-Bohnen-Salat 30		
Kartoffel-Bohnenkerne-Salat 32	Kartoffel-Walnuß-Gratin 60	**W**irsingtopf mit Lamm 18

Abkürzungen:
EL = Eßlöffel
cl = Zentiliter
cm = Zentimeter
g = Gramm
kg = Kilogramm
l = Liter
ml = Milliliter
Msp. = Messerspitze
TK = Tiefkühl…
TL = Teelöffel

Kalorien-/Jouleangaben: Alle Kalorien-/Jouleangaben in diesem Buch beziehen sich, falls nicht anders angegeben, auf eine Portion des jeweiligen Gerichtes.
Die Zubereitungszeit umfaßt die Vorbereitungs- sowie die Garzeit, falls keine gesonderten Angaben erfolgen.
Generell wird in den Rezepten von gemahlenem Pfeffer gesprochen. Er sollte möglichst frisch aus der Mühle kommen.

Elektrobackofen	**Gasherd**
150°C/160°C	Stufe 1
175°C/180°C	Stufe 2
200°C	Stufe 3
220°C/225°C	Stufe 4
240°C	Stufe 5
250°C	Stufe 6

„FALKEN Feinschmecker" ist eine exquisite Kochbuchreihe, deren Bände immer einem besonderen Thema gewidmet sind. So kommt jeder Genießer auf seine Kosten. Fragen Sie Ihren Buchhändler.

CIP-Titelaufnahme der Deutschen Bibliothek

Fabke, Sabine:
Kartoffeln: Bintje, Irmgard und Sieglinde / Sabine Fabke. – Niederhausen/Ts.: FALKEN, 1989
  (FALKEN Bücherei) (FALKEN Feinschmecker)
ISBN 3-8068-1032-X

ISBN 3 8068 1032 X

© 1989 by Falken-Verlag GmbH,
6272 Niederhausen/Ts.
Titelbild: TLC-Foto-Studio GmbH, Bocholt;
Fotos: TLC-Foto-Studio GmbH, Bocholt;
Foto S. 6/7 Historia-Foto, Hamburg
(Friedrich II. überwacht den Kartoffelanbau;
nach dem Gemälde von Warthmüller)
Gesamtproduktion: Falken-Verlag GmbH,
D-6272 Niederhausen/Ts.

817 2635 4453 6271